Québec Libre :
Identité, Souveraineté et Avenir

"Un voyage historique et prospectif vers l'autodétermination du peuple québécois"

Par

Laurent Beaulieu

SOMMAIRE

Introduction : Le Québec, un rêve d'indépendance

Aperçu du mouvement indépendantiste

Le mouvement indépendantiste québécois est l'une des dynamiques politiques, culturelles et sociales les plus fascinantes de l'histoire canadienne. Il trouve ses racines dans une longue quête identitaire qui remonte à la colonisation française du XVIe siècle. Après la conquête britannique de 1760, le Québec, alors la Nouvelle-France, devient une colonie britannique, marquant le début d'un rapport complexe entre la minorité francophone et le pouvoir colonial, puis fédéral.

Au fil des siècles, les Québécois ont forgé une identité distincte basée sur la langue française, la culture catholique (jusqu'à la Révolution tranquille), et un profond attachement à leur territoire. Ce contexte a donné naissance à des revendications politiques visant à protéger cette identité face à l'assimilation culturelle perçue et à l'hégémonie anglophone au Canada.

Le mouvement indépendantiste, sous sa forme contemporaine, émerge véritablement au XXe siècle. Deux moments charnières définissent son évolution :

1. **La Révolution tranquille (1960-1970)** : Ce tournant sociopolitique a vu le Québec se moderniser rapidement, affirmant son autonomie culturelle et politique. Le slogan « Maîtres chez nous » incarne cet esprit de prise en charge collective, tandis que des figures marquantes comme René Lévesque et des organisations comme le Parti Québécois (PQ) ont porté l'idée de souveraineté au cœur du débat public.
2. **Les référendums de 1980 et 1995** : Ces consultations populaires ont marqué l'apogée de la lutte pour l'indépendance, avec une campagne vibrante pour convaincre les Québécois de se détacher

du Canada. En 1995, le résultat extrêmement serré (50,58 % contre 49,42 %) illustre la profondeur des divisions, mais aussi la puissance de l'aspiration souverainiste.

Le mouvement indépendantiste québécois est donc à la fois une réponse historique aux défis de l'assimilation culturelle et une affirmation de la capacité du Québec à devenir une nation autonome. Loin d'être homogène, il regroupe des sensibilités diverses, allant des souverainistes modérés aux indépendantistes radicaux, unis par la conviction que le Québec serait mieux servi en dehors de la fédération canadienne.

Pourquoi cette question reste d'actualité

Malgré l'échec des référendums et un déclin apparent du soutien à l'indépendance dans les années 2000, la question de l'indépendance québécoise demeure d'actualité pour plusieurs raisons fondamentales.

1. La préservation de la langue et de la culture française

Le français, langue officielle du Québec, reste au cœur des préoccupations identitaires. La pression de l'anglais, tant au Canada qu'au niveau mondial, alimente un sentiment d'urgence parmi de nombreux Québécois. Selon certaines études, le pourcentage de francophones au Québec diminue lentement, suscitant des craintes quant à l'avenir de la langue. La loi 96 adoptée en 2022, visant à renforcer l'usage du français, illustre cette lutte permanente. Cependant, les souverainistes soutiennent qu'une indépendance complète offrirait davantage de moyens pour protéger la langue et la culture.

2. Les frustrations économiques et politiques

De nombreux Québécois perçoivent les relations fédérales comme déséquilibrées. Bien que le Québec bénéficie de transferts financiers, les souverainistes avancent que ces ressources pourraient être mieux gérées localement. De plus, certains considèrent que le Canada ignore les priorités politiques du Québec, notamment en matière de politique environnementale, d'immigration et de gestion des ressources naturelles.

3. La montée des mouvements identitaires

La question de l'indépendance s'inscrit dans une tendance mondiale où les nations sans État revendiquent leur autonomie. Des exemples comme l'Écosse et la Catalogne démontrent que ces aspirations ne sont pas limitées au Québec. Les partisans du Québec libre estiment que leur projet s'inscrit dans ce contexte plus large de redéfinition des États-nations.

4. Une nouvelle génération face à l'avenir

Bien que les jeunes Québécois soient souvent perçus comme moins mobilisés par la souveraineté, ils sont aussi confrontés à des enjeux qui pourraient raviver leur intérêt. Les changements climatiques, la transition énergétique et les inégalités économiques sont des problématiques qui pourraient être mieux adressées, selon les indépendantistes, dans un Québec autonome.

En somme, la pertinence de l'indépendance réside dans sa capacité à répondre à des préoccupations actuelles. Loin d'être un rêve du passé, elle reste une solution envisageable pour les défis contemporains du Québec.

Objectif et portée de ce livre

Ce livre se donne pour objectif d'explorer la question du Québec libre sous tous ses angles, afin de nourrir une réflexion nuancée sur cette proposition. Il ne s'agit pas seulement de revisiter les moments historiques marquants ou de glorifier les figures du passé, mais aussi de poser des questions cruciales sur l'avenir de cette province unique.

1. Comprendre le passé pour éclairer le présent

Un des objectifs fondamentaux de cet ouvrage est de montrer que l'idée d'indépendance ne surgit pas de nulle part. Elle est enracinée dans une histoire riche de luttes identitaires, de sacrifices et d'ambitions. Le lecteur découvrira comment ces éléments ont façonné le mouvement indépendantiste moderne.

2. Analyser les arguments pour et contre

Le débat sur l'indépendance est complexe. Ce livre se veut équilibré, en présentant à la fois les forces du projet souverainiste et les objections qui lui sont opposées. Quels seraient les avantages politiques, économiques et culturels d'un Québec indépendant ? Quels risques ou défis cela poserait-il ? Cette analyse détaillée permettra au lecteur de se forger une opinion éclairée.

3. Proposer une vision d'avenir

Au-delà des arguments techniques et historiques, cet ouvrage invite à rêver. Que pourrait être un Québec libre ? Comment pourrait-il se positionner sur la scène internationale ? Quelles valeurs et aspirations porterait-il ? L'objectif est de projeter le lecteur dans un futur possible, stimulant son imagination tout en restant ancré dans le réalisme.

Un appel à la réflexion collective

Ce livre s'adresse à tous les Québécois, qu'ils soient farouchement indépendantistes, fédéralistes convaincus ou indécis. Il s'adresse également à toute personne curieuse de comprendre les enjeux politiques d'un territoire qui se distingue par sa richesse culturelle et sa résilience historique.

En mettant en lumière les défis et les promesses de l'indépendance, cet ouvrage vise à enrichir le débat démocratique. Il ne prétend pas offrir une réponse définitive, mais plutôt ouvrir des avenues de réflexion sur ce que signifie réellement être une nation libre au XXIe siècle.

Alors que vous tournez les pages de ce livre, vous serez invité à plonger dans les racines, les espoirs et les réalités du rêve d'un Québec indépendant. Car ce rêve, loin d'être éteint, continue d'habiter le cœur de nombreux Québécois et d'inspirer des générations en quête d'autonomie et de fierté nationale.

1. Les racines de la question nationale

L'identité et les aspirations politiques d'un peuple ne surgissent jamais ex nihilo. Elles se forgent dans le creuset de l'histoire, nourries par des événements marquants et des luttes collectives. Pour comprendre la quête d'indépendance du Québec, il est essentiel de remonter aux origines de sa formation en tant que société distincte, façonnée par son héritage français, la Conquête britannique, et les efforts incessants pour préserver sa culture face à l'assimilation. Cette section explore ces racines historiques, essentielles pour comprendre les aspirations modernes à l'autonomie.

1.1. L'histoire coloniale et l'héritage français

L'histoire du Québec commence avec l'arrivée des Français en Amérique du Nord au début du XVIIe siècle. L'établissement de la Nouvelle-France en 1608 par Samuel de Champlain marque le début d'une aventure coloniale unique qui allait laisser une empreinte indélébile sur le territoire et ses habitants.

La Nouvelle-France : un bastion francophone en Amérique

Durant les deux siècles qui suivent, la Nouvelle-France se distingue des colonies anglaises voisines par sa langue, sa religion, et sa structure sociale. Contrairement aux colonies britanniques, où l'individualisme et le capitalisme étaient dominants, la société de la Nouvelle-France repose sur des valeurs communautaires, une forte influence catholique, et une hiérarchie sociale inspirée du régime seigneurial. Ces caractéristiques façonnent une identité collective distincte, centrée sur :

- **La langue française** : Le français devient le ciment de l'identité culturelle et un vecteur d'unité dans un territoire vaste et parfois isolé.

- **La foi catholique** : L'Église joue un rôle clé dans l'éducation, la santé, et la gouvernance morale, structurant la vie quotidienne.
- **Le rapport au territoire** : L'immensité du territoire et les défis climatiques forgent une mentalité de résilience et de solidarité parmi les colons.

Cependant, malgré son développement, la Nouvelle-France reste économiquement et militairement dépendante de la France, une vulnérabilité qui s'avère fatale face à l'expansionnisme britannique.

Les rivalités impériales et le choc de la guerre

Le XVIIIe siècle est marqué par des tensions croissantes entre la France et la Grande-Bretagne pour le contrôle de l'Amérique du Nord. La guerre de Sept Ans (1756-1763) aboutit à la signature du traité de Paris en 1763, qui cède la Nouvelle-France à la Grande-

Bretagne. Cet événement bouleverse profondément la trajectoire historique des habitants francophones, inaugurant une nouvelle ère marquée par l'adaptation à un régime étranger.

L'héritage français, bien que fragilisé, demeure central dans la conscience collective. Il alimente un sentiment de fierté et de résistance culturelle face aux tentatives d'assimilation qui suivront. Le Québec, même sous domination britannique, continue de se percevoir comme une enclave distincte, une réalité qui persistera dans les siècles à venir.

1.2. Les conséquences de la Conquête de 1760

La Conquête britannique de 1760 est un moment charnière qui redéfinit non seulement le statut politique du Québec, mais aussi son rôle dans le nouvel ordre impérial. Pour les Canadiens français, comme on appelle alors les habitants francophones, cette conquête représente un basculement soudain et souvent traumatisant.

Un nouveau régime colonial

Sous le régime britannique, les habitants de la Nouvelle-France deviennent des sujets de la Couronne britannique, et leurs droits sont largement subordonnés à ceux de la minorité anglophone en pleine expansion. Les conséquences de la Conquête se manifestent sur plusieurs plans :

- **Politique** : Les Canadiens français sont exclus des institutions politiques britanniques. Jusqu'à l'Acte de Québec de 1774, ils n'ont pratiquement aucune représentation dans la gouvernance locale.
- **Langue et culture** : L'anglais devient la langue de l'administration, du commerce et de la justice, reléguant le français au domaine privé. Cette marginalisation

linguistique intensifie le sentiment de vulnérabilité culturelle.

- **Économie** : Les élites économiques francophones sont progressivement remplacées par des marchands et entrepreneurs anglophones, entraînant un déséquilibre économique.

L'Acte de Québec : une concession ambivalente

Face à la menace des treize colonies américaines, la Grande-Bretagne adopte en 1774 l'Acte de Québec, qui reconnaît certains droits aux Canadiens français, notamment :

- La liberté de pratiquer le catholicisme.
- Le maintien des lois civiles françaises.

Si cette concession apaise temporairement les tensions, elle ne corrige pas les déséquilibres fondamentaux entre les francophones et les anglophones. La dualité culturelle devient une constante du paysage politique canadien, alimentant des tensions qui persistent jusqu'à nos jours.

Une population résiliente

Malgré ces bouleversements, les Canadiens français développent des stratégies de survie culturelle. L'Église catholique devient un rempart contre l'assimilation, jouant un rôle de gardien de la langue et des traditions. Ce repli sur les institutions religieuses et communautaires constitue un refuge identitaire, mais freine également le développement politique et économique autonome.

1.3. Les luttes pour la survie culturelle au XIXe siècle

Le XIXe siècle est une période de transformations rapides qui mettent à l'épreuve la capacité des Canadiens français à préserver leur culture et leur identité dans un environnement de plus en plus hostile. La montée du capitalisme industriel, l'expansion anglophone et les tensions politiques intenses contribuent à façonner un sentiment d'aliénation mais aussi de résistance.

La menace de l'assimilation

Avec l'arrivée massive d'immigrants britanniques et irlandais, la proportion de Canadiens français diminue dans l'ensemble de la population canadienne. À mesure que les centres urbains anglophones se développent, les francophones se retrouvent marginalisés sur le plan économique et démographique. Cette marginalisation s'accompagne d'une pression croissante pour adopter l'anglais comme langue dominante.

Le rôle central de l'Église catholique

Face à ces défis, l'Église catholique devient le principal défenseur de la langue et de la culture françaises. Elle joue un rôle crucial dans plusieurs domaines :

- **Éducation** : Les écoles confessionnelles enseignent en français et inculquent les valeurs catholiques, préservant ainsi un lien avec le patrimoine culturel.
- **Vie communautaire** : Les paroisses agissent comme des centres de solidarité et de cohésion sociale.
- **Politique morale** : L'Église encourage une vision conservatrice et rurale de la société, valorisant les familles nombreuses et la vie agricole.

Cependant, cette influence, bien qu'essentielle pour la préservation culturelle, freine également la modernisation et l'émergence d'une élite politique laïque capable de défendre les droits des Canadiens français sur une scène nationale.

Les rébellions des Patriotes (1837-1838)

Le mécontentement politique culmine dans les rébellions des Patriotes, un mouvement dirigé par Louis-Joseph Papineau et visant à obtenir davantage d'autonomie pour le Bas-Canada (le Québec d'alors). Ces rébellions sont écrasées, mais elles symbolisent la volonté des Canadiens français de résister à l'injustice et de revendiquer leur place dans le système colonial.

L'union de 1840 : un nouvel affront

Après les rébellions, l'Acte d'Union de 1840 fusionne le Bas-Canada et le Haut-Canada (l'Ontario actuel) en une seule colonie, le Canada-Uni. Cette union politique impose une domination démographique et économique aux francophones, renforçant leur sentiment de minorisation. Pourtant, c'est aussi pendant cette période que des figures comme George-Étienne Cartier émergent pour défendre les intérêts des Canadiens français dans un cadre politique hostile.

Une identité en quête de reconnaissance

Les racines de la question nationale québécoise plongent profondément dans l'histoire coloniale et postcoloniale de la Nouvelle-France. Depuis l'héritage français jusqu'aux luttes pour la survie culturelle au XIXe siècle, chaque étape a renforcé un sentiment collectif de différence et d'appartenance. Ce sentiment, bien qu'alimenté par des défis constants, devient le socle d'une identité nationale distincte qui résistera aux pressions extérieures.

Ce contexte historique est fondamental pour comprendre pourquoi, des siècles après la Conquête, le Québec continue de revendiquer une autonomie politique et culturelle. Les aspirations indépendantistes modernes s'enracinent dans ce passé, nourries par des décennies de résilience face aux forces d'assimilation et de domination.

2. Les révolutions tranquilles : Le tournant
   moderne

Le XXe siècle représente un moment pivot
dans l'histoire du Québec, marqué par une
prise de conscience collective qui transforme
profondément sa société. Alors que le Québec
s'industrialise et s'urbanise, il entre dans une
période de bouleversements sociaux, politiques
et économiques. Cette transformation, souvent
désignée sous le terme de Révolution
tranquille, amorce un éveil identitaire sans
précédent. Elle donne naissance à des
mouvements politiques puissants, notamment
les partis indépendantistes, et culmine avec
deux référendums historiques sur la
souveraineté en 1980 et 1995. Cette section
explore en détail ces étapes cruciales qui ont
façonné le Québec moderne et son aspiration à
l'indépendance.

2.1. La Révolution tranquille : Un éveil identitaire

Un Québec en mutation

Dans les années 1960, le Québec est encore sous l'influence d'une Église catholique puissante qui régule la vie sociale, éducationnelle et politique de ses citoyens. Sous le régime de Maurice Duplessis (1936-1939 et 1944-1959), le Québec est dominé par des politiques conservatrices et un nationalisme défensif, où l'accent est mis sur la survie culturelle et religieuse. Cependant, cette approche ne suffit plus face à la modernisation rapide qui transforme le monde occidental.

La mort de Duplessis en 1959 marque la fin d'une époque. Sous le gouvernement libéral de Jean Lesage (1960-1966), le Québec entre dans une période de réformes rapides et profondes, désignée sous le terme de Révolution tranquille. Cette période est caractérisée par un rejet de l'autorité religieuse et une volonté d'émancipation collective. Le slogan de l'époque, **« Maîtres chez nous »**, illustre cette quête d'autonomie et de modernisation.

Les grandes réformes de la Révolution tranquille

Le gouvernement Lesage entreprend une série de réformes qui bouleversent la société québécoise, transformant l'identité collective des Québécois :

1. **La nationalisation de l'hydroélectricité** : Hydro-Québec devient le fleuron économique de la province. Cette nationalisation symbolise le contrôle des ressources naturelles par les Québécois, renforçant leur fierté nationale.
2. **La réforme de l'éducation** : Le système éducatif, autrefois sous le contrôle de l'Église, est modernisé et laïcisé. La création du ministère de

l'Éducation en 1964 marque un tournant, permettant une meilleure accessibilité à l'éducation pour tous.

3. **La sécularisation des institutions** : L'Église catholique perd son influence sur les hôpitaux, les écoles et les politiques publiques, ouvrant la voie à une société plus laïque.

4. **L'affirmation de l'identité culturelle** : Les arts, la littérature et le cinéma québécois connaissent une effervescence, mettant en avant une vision moderniste et engagée du Québec.

Ces réformes renforcent l'idée que les Québécois sont capables de prendre en main leur destin économique et culturel. La Révolution tranquille jette ainsi les bases de la réflexion sur la souveraineté politique.

L'éveil identitaire

La Révolution tranquille n'est pas qu'un programme de réformes ; c'est aussi un éveil identitaire collectif. Les Québécois commencent à se percevoir non seulement comme une minorité au sein du Canada, mais comme un peuple distinct avec une culture, une langue et une histoire uniques. Ce réveil alimente des revendications pour une plus grande autonomie politique et ouvre la voie à l'émergence du mouvement indépendantiste.

2.2. L'émergence des partis indépendantistes

La naissance du RIN et du MSA

La modernisation du Québec pendant la Révolution tranquille crée un terreau fertile pour des idées radicales sur l'indépendance. Les premiers mouvements indépendantistes organisés émergent dans les années 1960, portés par un désir de rompre avec la fédération canadienne.

- **Le Rassemblement pour l'indépendance nationale (RIN) :**

Fondé en 1960, le RIN adopte un discours vigoureux en faveur de la souveraineté. Sous la direction de Pierre Bourgault, il promeut l'idée d'un Québec libre comme un projet de justice sociale et d'épanouissement culturel.

- **Le Mouvement Souveraineté-Association (MSA)** : Créé en 1967 par René Lévesque après son départ du Parti libéral, le MSA propose une approche plus pragmatique, combinant souveraineté politique et association économique avec le Canada.

En 1968, ces deux mouvements, ainsi que d'autres groupes indépendantistes, s'unissent pour former le Parti Québécois (PQ).

Le Parti Québécois : une force politique majeure

Le Parti Québécois devient rapidement la voix principale du mouvement souverainiste. Sous la direction de René Lévesque, il adopte une approche démocratique et inclusive, centrée sur un projet de souveraineté référendaire. Le PQ se distingue par son programme clair :

- **La souveraineté** : Obtenir l'indépendance politique tout en maintenant une relation économique avec le Canada.
- **La défense de la langue française** : Protéger et promouvoir le français comme langue principale du Québec.
- **La justice sociale** : Construire une société égalitaire où l'État joue un rôle clé dans le bien-être collectif.

En 1976, le PQ remporte une victoire historique aux élections provinciales, formant un gouvernement majoritaire sous René Lévesque. Cette victoire marque un tournant, plaçant la souveraineté au cœur de l'agenda politique québécois.

2.3. Les référendums de 1980 et 1995 : Défis et espoirs

Le référendum de 1980 : une première tentative

Le premier référendum sur la souveraineté du Québec se tient le 20 mai 1980. La question posée aux Québécois est centrée sur le projet de souveraineté-association : le Québec deviendrait un État indépendant tout en maintenant des liens économiques avec le Canada.

Les arguments du « Oui »

René Lévesque et le camp du « Oui » avancent plusieurs arguments en faveur de la souveraineté :

1. **L'autodétermination** : Le Québec pourrait contrôler ses propres lois, finances et politiques internationales.
2. **La préservation de la culture** : L'indépendance garantirait la protection

du français et de l'identité québécoise
face à l'influence anglophone.

3. **L'efficacité économique** : Un Québec
souverain pourrait mieux gérer ses
ressources naturelles et ses finances
publiques.

Les arguments du « Non »

Le camp du « Non », mené par le Parti libéral
du Québec et soutenu par le gouvernement
fédéral, met en avant les risques associés à
l'indépendance :

1. **L'incertitude économique** : Les
opposants craignent une fuite des
capitaux, une hausse du chômage et une
perte d'accès au marché canadien.

2. **La fragmentation nationale** :
L'indépendance du Québec pourrait
encourager d'autres provinces ou régions
à se séparer, menaçant l'unité du
Canada.

3. **Les liens affectifs** : Certains Québécois se sentent profondément attachés au Canada et hésitent à rompre ce lien.

Le résultat

Le « Non » l'emporte avec 59,56 % des voix contre 40,44 % pour le « Oui ». Bien que ce soit une défaite pour les souverainistes, le résultat démontre qu'une part importante de la population québécoise soutient le projet indépendantiste. Cette mobilisation massive maintient la question nationale au premier plan.

Le référendum de 1995 : une nouvelle opportunité

Quinze ans plus tard, un deuxième référendum est organisé le 30 octobre 1995, sous le gouvernement de Jacques Parizeau, également chef du Parti Québécois. La question posée cette fois est plus directe, portant sur l'indépendance sans mention explicite d'une association avec le Canada.

Les forces en présence

Le camp du « Oui », dirigé par Parizeau et appuyé par des figures comme Lucien Bouchard, insiste sur :

1. **Le contrôle des destinées du Québec** : L'indépendance est présentée comme une nécessité pour éviter l'effacement culturel.
2. **La fierté nationale** : Les souverainistes appellent à une renaissance nationale où le Québec s'assumerait pleinement comme nation.

Le camp du « Non », dirigé par Jean Chrétien (Premier ministre du Canada) et Daniel Johnson (chef des libéraux québécois), met en avant :

1. **L'impact économique négatif** : La peur d'un effondrement financier et

d'une perte de partenariats
commerciaux.

2. **L'incertitude politique** : Les opposants
critiquent le manque de clarté sur des
questions clés comme la monnaie et la
citoyenneté.

Une issue déchirante

Le résultat est incroyablement serré : 50,58 %
pour le « Non » contre 49,42 % pour le « Oui
». La défaite, bien que marginale, plonge le
Québec dans une profonde introspection. La
soirée du référendum est marquée par les
paroles controversées de Jacques Parizeau, qui
attribue la défaite au « vote ethnique »,
suscitant des débats sur l'inclusivité du
mouvement souverainiste.

Un tournant inachevé

Les Révolutions tranquilles ont transformé le
Québec en profondeur, en éveillant son identité

collective et en redéfinissant sa place au sein du Canada. La Révolution tranquille a permis une modernisation rapide, tandis que l'émergence des partis indépendantistes a donné une voix politique structurée au rêve de souveraineté. Les référendums de 1980 et 1995 ont démontré que cette aspiration, bien qu'intense, demeure divisée.

Aujourd'hui, bien que le soutien à l'indépendance semble avoir diminué, les questions identitaires et politiques soulevées durant cette période restent d'actualité. Les révolutions tranquilles ont laissé un héritage durable : celui d'un peuple qui, malgré les obstacles, continue de réfléchir à son avenir avec passion et détermination.

3. Les fondements culturels d'un Québec indépendant

La quête d'indépendance du Québec repose non seulement sur des arguments politiques et économiques, mais aussi sur des fondements culturels profonds. L'identité québécoise s'est construite autour de piliers comme la langue française, un héritage artistique foisonnant et une diversité culturelle complexe. Ces éléments ne sont pas seulement des caractéristiques du Québec ; ils constituent des raisons fondamentales pour lesquelles une grande partie de sa population aspire à la souveraineté. Ce chapitre explore comment la langue, la culture artistique et le multiculturalisme participent à cette réflexion sur l'indépendance.

3.1. Langue et identité : Le français comme pilier

Le rôle historique du français dans l'identité québécoise

Le français est bien plus qu'une simple langue pour les Québécois ; il est l'âme et le ciment de leur identité collective. Dès l'établissement de la Nouvelle-France au XVIIe siècle, le français devient le vecteur principal de la vie sociale, culturelle et politique. Après la Conquête britannique de 1760, la langue française devient le principal outil de résistance à l'assimilation. Elle distingue les Canadiens français des colons britanniques et forge un sentiment de solidarité culturelle face aux pressions anglophones.

Les menaces historiques et contemporaines

Malgré son statut officiel, le français au Québec a constamment été menacé par la dominance de l'anglais au Canada et en Amérique du Nord. Cette tension linguistique persiste aujourd'hui, exacerbée par plusieurs facteurs :

1. **L'anglicisation des immigrants** : Une proportion importante des nouveaux arrivants au Québec choisissent l'anglais comme langue d'intégration, ce qui contribue à une dilution progressive du poids démographique francophone.

2. **L'attrait de l'anglais pour les jeunes** : La globalisation et l'omniprésence de la culture anglophone incitent de nombreux jeunes Québécois à privilégier l'anglais dans certains contextes, notamment professionnel et numérique.

3. **La concentration géographique** : À Montréal, la coexistence des deux langues crée un équilibre fragile, où l'anglais domine souvent dans le milieu des affaires.

Les politiques linguistiques comme boucliers

Face à ces menaces, le Québec a instauré des politiques ambitieuses pour protéger le français, dont la plus emblématique est la **Loi 101** (Charte de la langue française), adoptée en 1977. Cette loi établit :

- Le français comme langue officielle du travail, de l'éducation et des communications gouvernementales.
- Des restrictions sur l'usage de l'anglais dans la signalisation commerciale.
- L'obligation pour les immigrants d'envoyer leurs enfants dans des écoles francophones.

Plus récemment, la **Loi 96**, adoptée en 2022, renforce ces dispositions en limitant l'accès aux services en anglais et en élargissant les exigences linguistiques pour les entreprises.

Langue et souveraineté

Pour les souverainistes, la protection du français est indissociable de l'indépendance. Ils soutiennent qu'une pleine autonomie politique permettrait au Québec de renforcer ses politiques linguistiques sans compromis. L'État québécois pourrait également mieux représenter le français sur la scène internationale, en s'affirmant comme un bastion francophone en Amérique du Nord. Sans la souveraineté, selon eux, le français reste vulnérable aux décisions fédérales qui favorisent souvent l'anglais.

En résumé, le français est à la fois une expression de l'identité québécoise et une motivation essentielle pour l'indépendance. Il symbolise la volonté d'un peuple de préserver sa différence dans un monde globalisé.

3.2. La littérature et les arts comme vecteurs de souveraineté

Un riche patrimoine artistique au service de l'identité

Le Québec possède une tradition littéraire et artistique qui reflète les défis, les aspirations et les luttes de son peuple. Depuis les écrits fondateurs de François-Xavier Garneau et Octave Crémazie au XIXe siècle, jusqu'aux œuvres modernes de Michel Tremblay, Gabrielle Roy ou Dany Laferrière, la littérature québécoise a toujours été un miroir de son identité collective. Les arts visuels, la musique et le cinéma complètent cette expression culturelle, offrant au Québec une place unique sur la scène internationale.

1. **La littérature** : Les romans et essais québécois explorent souvent des thèmes liés à l'identité, à l'oppression linguistique, et à la quête d'autonomie. Par exemple, *Bonheur d'occasion* de

Gabrielle Roy dépeint la vie des classes ouvrières à Montréal, tandis que *Les Belles-Sœurs* de Michel Tremblay expose les réalités sociales et linguistiques du Québec.

2. **La musique** : Des artistes comme Félix Leclerc, Gilles Vigneault et plus récemment Cœur de Pirate ou Klô Pelgag, ont utilisé la musique pour célébrer la langue française et transmettre des messages identitaires et politiques.

3. **Le cinéma** : Le cinéma québécois, avec des réalisateurs comme Denys Arcand, Xavier Dolan et Denis Villeneuve, a conquis une renommée mondiale tout en restant ancré dans des récits locaux, souvent empreints de réflexions sur l'identité et les relations avec le Canada.

Les arts comme outils de résistance

La culture artistique québécoise a toujours servi de rempart contre l'assimilation. Pendant la Révolution tranquille, elle devient un moteur de l'éveil identitaire. Les œuvres de cette époque remettent en question le statu quo et appellent à une affirmation nationale. Les artistes, écrivains et musiciens jouent ainsi un rôle central dans la diffusion des idées souverainistes.

1. **La chanson comme cri du cœur** : Les chansons de Gilles Vigneault comme *Mon pays, c'est l'hiver* deviennent des hymnes non officiels du nationalisme québécois.
2. **Le théâtre et la littérature engagés** : Des pièces comme *Les Belles-Sœurs* exposent les tensions linguistiques et sociales, alimentant la réflexion sur la souveraineté.

L'indépendance comme vecteur culturel

Pour les souverainistes, un Québec indépendant pourrait mieux soutenir sa culture et ses artistes en leur offrant des ressources et des plateformes internationales. En devenant un État souverain, le Québec pourrait :

- Renforcer ses institutions culturelles.
- Promouvoir ses artistes à l'étranger sous une bannière nationale distincte.
- Négocier directement des accords culturels internationaux, sans passer par Ottawa.

Ainsi, la culture est non seulement un témoin de l'identité québécoise, mais aussi un outil de mobilisation en faveur de la souveraineté.

3.3. Le multiculturalisme : Un atout ou un défi ?

Le multiculturalisme canadien et ses tensions

Le multiculturalisme est une politique officielle au Canada depuis 1971. Il célèbre la diversité culturelle et encourage les immigrants à maintenir leurs traditions, tout en adoptant les valeurs canadiennes. Si cette approche est souvent perçue comme progressiste, elle entre en conflit avec la vision québécoise d'une société fondée sur une identité nationale distincte.

- **La perspective fédérale** : Le multiculturalisme canadien tend à diluer les particularismes régionaux au profit d'un « patchwork » culturel. Cela peut être perçu comme une menace par les Québécois, qui craignent que leur identité francophone soit noyée dans un océan anglophone.
- **La perspective québécoise** : Contrairement au multiculturalisme, le Québec privilégie une politique d'« interculturalisme », qui met l'accent sur l'intégration des immigrants à la culture dominante francophone, tout en respectant la diversité.

Les défis posés par le multiculturalisme

Pour le Québec, le multiculturalisme présente des défis spécifiques :

1. **La cohésion linguistique** : L'intégration des immigrants à la langue française est une priorité. Cependant, le multiculturalisme canadien, en valorisant toutes les langues et cultures de manière égale, peut décourager cette intégration.

2. **L'identité nationale** : Les souverainistes soutiennent que le multiculturalisme dilue l'identité québécoise en favorisant une appartenance directe au Canada.

3. **Les tensions sociales** : Certaines controverses, comme le débat sur les accommodements raisonnables ou la Loi 21 sur la laïcité, montrent que le Québec lutte pour concilier diversité et unité.

Le multiculturalisme comme atout

Malgré ces tensions, le multiculturalisme peut aussi être vu comme un atout pour un Québec indépendant. En tant qu'État souverain, le Québec pourrait redéfinir ses politiques d'intégration, en renforçant l'interculturalisme tout en célébrant la diversité.

- **La diversité comme richesse** : Les cultures immigrantes enrichissent la société québécoise et peuvent renforcer son rayonnement international.
- **Un modèle unique** : Un Québec indépendant pourrait devenir un exemple mondial de coexistence entre une majorité francophone et des communautés culturelles diverses.

Une culture au service de l'indépendance

Les fondements culturels du Québec – sa langue, ses arts et son approche unique du multiculturalisme – sont au cœur de son identité et de sa quête d'indépendance. Le français, en tant que pilier de l'identité québécoise, reste un symbole puissant de la résistance culturelle et de l'autonomie. Les arts, eux, servent de vecteurs pour raconter l'histoire du Québec, ses luttes et ses aspirations. Enfin, le multiculturalisme, bien qu'il présente des défis, peut être transformé en une force dans un Québec souverain, à condition qu'il soit centré sur la préservation de l'identité francophone.

Ainsi, l'indépendance du Québec n'est pas seulement une question politique ou économique ; elle est aussi une affirmation culturelle. Pour les souverainistes, il s'agit de garantir que la langue et l'identité québécoises continueront de prospérer dans un monde de plus en plus globalisé. La culture, dans toute sa richesse et sa diversité, est donc à la fois le socle et l'objectif ultime de ce projet.

4. Les arguments économiques en faveur de l'indépendance

L'argument économique est souvent central dans le débat sur l'indépendance du Québec. Les opposants à la souveraineté soulèvent fréquemment des inquiétudes sur la viabilité économique d'un Québec indépendant, tandis que les souverainistes soutiennent qu'un contrôle total sur les ressources, les politiques économiques et les finances publiques donnerait au Québec les outils pour prospérer. Ce chapitre explore en détail les arguments économiques en faveur de l'indépendance, en examinant la viabilité d'un État québécois souverain, la gestion de ses ressources naturelles et le rôle des transferts fédéraux.

4.1. La viabilité économique d'un Québec souverain

Une économie déjà solide et diversifiée

Le Québec dispose d'une économie robuste et diversifiée, caractérisée par plusieurs secteurs clés :

1. **Les industries manufacturières** : Secteur historiquement important, le Québec est un leader dans les domaines de l'aéronautique, de l'aluminium, et des technologies avancées.

2. **Les services** : Montréal est un hub pour les industries créatives, notamment les jeux vidéo, les médias numériques, et le cinéma.

3. **L'agriculture et les ressources naturelles** : La province est un acteur majeur dans l'exportation de produits agricoles, de minéraux et d'énergie hydroélectrique.

Avec un PIB qui dépasse les 500 milliards CAD en 2023, le Québec se classe parmi les économies les plus développées du monde. Les souverainistes affirment que cette base économique solide prouve que le Québec est déjà capable de se gérer de manière autonome.

Le contrôle des politiques fiscales et monétaires

L'indépendance offrirait au Québec une plus grande liberté dans l'élaboration de ses politiques fiscales et monétaires. Actuellement, Ottawa contrôle les principaux leviers économiques du Canada, notamment :

1. **La politique monétaire** : La Banque du Canada détermine les taux d'intérêt et la politique monétaire, souvent sans tenir compte des spécificités économiques du Québec.
2. **Les taxes et impôts** : Une part importante des impôts collectés au Québec est transférée au gouvernement fédéral, ce qui limite la marge de manœuvre de la province.

Un Québec souverain pourrait adopter des politiques mieux adaptées à sa réalité économique, notamment en :

- Ajustant les taux d'imposition pour encourager l'innovation et l'investissement.
- Développant des partenariats commerciaux bilatéraux qui reflètent ses priorités.

Les partenariats commerciaux et l'intégration mondiale

Un Québec indépendant continuerait de bénéficier des accords commerciaux internationaux auxquels le Canada est déjà partie prenante, tels que l'Accord États-Unis-Mexique-Canada (AEUMC). Les souverainistes soulignent que d'autres petits États, comme le Danemark ou la Suisse, réussissent à prospérer grâce à leur intégration économique mondiale tout en maintenant une souveraineté complète.

Les sceptiques craignent que l'indépendance n'entraîne des barrières commerciales avec le reste du Canada. Toutefois, des relations économiques étroites entre le Québec et le Canada seraient dans l'intérêt des deux parties. Le commerce interprovincial représente environ 20 % des échanges commerciaux du Québec, ce qui en fait un partenaire clé pour le Canada également.

Les coûts de transition : un investissement à long terme

Les coûts initiaux liés à la transition vers l'indépendance, comme l'établissement de nouvelles institutions et la négociation de dettes, sont inévitables. Cependant, les souverainistes les considèrent comme un investissement nécessaire pour garantir une autonomie économique durable. En récupérant le contrôle total de ses revenus et de ses politiques économiques, le Québec pourrait compenser ces coûts dans les années suivant l'indépendance.

4.2. Les richesses naturelles et la gestion autonome des ressources

Les ressources naturelles : un trésor québécois

Le Québec est une province riche en ressources naturelles, ce qui constitue un argument majeur en faveur de l'indépendance. Parmi ses atouts principaux :

1. **L'hydroélectricité** : Le Québec est le premier producteur d'hydroélectricité au Canada et un des leaders mondiaux. Hydro-Québec, société d'État, génère des milliards de dollars en revenus annuels grâce à l'exportation d'électricité vers les États-Unis et d'autres provinces canadiennes.

2. **Les mines** : La province possède d'importantes réserves de fer, de lithium, de nickel et d'or, essentiels pour les

industries technologiques et énergétiques.

3. **Les forêts** : Avec l'une des plus grandes réserves forestières au monde, le Québec est un acteur majeur dans l'industrie du bois et des pâtes et papiers.

4. **L'agriculture** : La province est un leader dans la production de produits laitiers, de sirop d'érable, et de céréales.

Ces ressources offrent au Québec un avantage compétitif significatif qui pourrait être exploité pleinement dans un contexte d'indépendance.

Une gestion centralisée pour des profits maximaux

Actuellement, bien que le Québec bénéficie de revenus importants de ses ressources, certaines décisions stratégiques sont influencées par Ottawa, notamment dans le domaine de l'exportation et de la réglementation. En devenant souverain, le Québec pourrait :

- **Maximiser ses profits** en éliminant les interventions fédérales et en négociant directement avec les partenaires internationaux.
- **Investir dans le développement durable** pour s'assurer que l'exploitation des ressources profite aux générations futures.
- **Diversifier ses marchés** en explorant des partenariats en Europe, en Asie et en Afrique.

Un potentiel énergétique unique

L'hydroélectricité est l'un des joyaux économiques du Québec. En plus de fournir une énergie renouvelable à faible coût à ses citoyens, elle représente une source de revenus stratégique grâce aux exportations. Un Québec indépendant pourrait développer davantage ce secteur, tout en renforçant sa position comme leader mondial de l'énergie verte.

L'indépendance énergétique

Le Québec est l'une des rares provinces canadiennes à être autosuffisante sur le plan énergétique. Cela signifie qu'il pourrait fonctionner de manière indépendante sans dépendre des infrastructures ou des ressources d'autres provinces, un avantage indéniable dans un scénario d'indépendance.

4.3. Le poids des transferts fédéraux : Bénéfices ou dépendance ?

Les transferts fédéraux : un système controversé

Le Québec reçoit des transferts financiers importants du gouvernement fédéral, notamment :

1. **Les paiements de péréquation** : Conçus pour réduire les inégalités économiques entre les provinces, ces

paiements représentent une part importante des finances québécoises.

2. **Les transferts pour la santé et l'éducation** : Ces sommes sont redistribuées pour financer des services publics essentiels.

En 2023, le Québec a reçu environ 13 milliards CAD en paiements de péréquation, ce qui alimente l'argument des fédéralistes selon lequel la province serait financièrement dépendante du Canada.

L'argument souverainiste : une dépendance illusoire

Les souverainistes rejettent l'idée que le Québec serait incapable de survivre sans ces transferts. Selon eux :

1. **Le Québec contribue largement au système fédéral** : Les Québécois paient des impôts fédéraux, dont une partie est redistribuée à d'autres provinces. En

récupérant ces revenus, le Québec
pourrait financer directement ses propres
programmes sans dépendre de
transferts.

2. **Les paiements de péréquation sont
une compensation** : Les souverainistes
soutiennent que ces paiements ne sont
pas un cadeau, mais un mécanisme
visant à équilibrer les effets d'un
système fédéral déséquilibré où les
décisions économiques favorisent
souvent les provinces riches en pétrole
comme l'Alberta.

Un contrôle complet des finances publiques

En devenant souverain, le Québec récupérerait
le contrôle total de ses finances. Cela signifie
qu'il pourrait :

- Réorienter ses priorités budgétaires selon
  ses besoins.

- Éviter les duplications administratives entre les niveaux fédéral et provincial.
- Financer des projets d'infrastructure, de recherche et d'innovation sans intervention fédérale.

Une capacité d'emprunt autonome

Le Québec dispose déjà d'une cote de crédit solide sur les marchés internationaux, ce qui démontre sa capacité à emprunter indépendamment. Les souverainistes soulignent que plusieurs petits pays européens, comme la Finlande ou la Norvège, ont des économies similaires en taille et prospèrent grâce à une gestion autonome.

Une économie prête pour l'indépendance

Les arguments économiques en faveur de l'indépendance reposent sur plusieurs piliers solides : une économie diversifiée, des ressources naturelles abondantes et une capacité avérée à gérer ses propres finances. Les souverainistes soutiennent que le Québec a tous les atouts nécessaires pour prospérer en tant qu'État souverain.

Bien que des défis, notamment les coûts de transition et les relations commerciales, soient à prévoir, ces obstacles ne sont pas insurmontables. En fin de compte, l'indépendance économique du Québec est perçue comme une opportunité de maximiser son potentiel, de renforcer sa résilience et de garantir une plus grande justice économique pour ses citoyens. Pour les partisans de la souveraineté, cette autonomie n'est pas seulement viable, elle est essentielle pour bâtir un avenir où le Québec contrôle pleinement son destin.

5. **Les défis politiques et internationaux**

L'indépendance du Québec soulève des défis complexes, notamment en ce qui concerne ses relations avec le Canada, son intégration dans la communauté internationale, et les leçons qu'il peut tirer des expériences d'autres nations ayant obtenu leur souveraineté. Si les arguments en faveur de l'autodétermination politique sont puissants, il est tout aussi crucial d'analyser les obstacles pratiques et diplomatiques qui pourraient survenir. Cette section explore ces dimensions en détail.

5.1. Les relations avec le Canada : Partenariat ou rupture ?

Une interdépendance historique

Depuis 1867, le Québec fait partie intégrante de la fédération canadienne. La province partage avec le Canada des liens historiques, économiques et sociaux profonds. Une déclaration d'indépendance ne signifierait pas nécessairement une rupture totale, mais transformerait radicalement ces relations. Pour les souverainistes, la relation avec le Canada post-indépendance devrait idéalement se traduire par un partenariat mutuellement bénéfique, tandis que les opposants craignent un éclatement chaotique.

Les enjeux économiques

Le commerce interprovincial constitue une part importante de l'économie québécoise. Environ 20 % des exportations québécoises sont destinées aux autres provinces canadiennes, tandis que le reste du Canada dépend également du Québec pour des produits et services essentiels. Une rupture brutale pourrait :

1. **Déstabiliser les chaînes d'approvisionnement** : Des industries clés comme l'aérospatiale et l'énergie dépendent de relations économiques

stables entre le Québec et le reste du Canada.

2. **Modifier les accords commerciaux** : Le Québec devrait renégocier ses échanges commerciaux avec les provinces, un processus qui pourrait être source de frictions.

Cependant, les souverainistes soutiennent qu'un partenariat économique post-indépendance serait dans l'intérêt des deux parties. Une coopération continue pourrait inclure :

- **Des accords commerciaux bilatéraux** : Inspirés des modèles européens, ces accords garantiraient un libre-échange des biens et services.
- **Un accès commun aux infrastructures** : Le maintien de partenariats dans des domaines stratégiques comme l'énergie et les transports.

Les enjeux politiques

La séparation du Québec poserait des défis institutionnels majeurs pour les deux parties :

1. **Le partage des actifs et des passifs** : Le Québec et le Canada devraient négocier la répartition de la dette nationale et des actifs fédéraux, comme les infrastructures et les ressources partagées.
2. **Le statut des Canadiens résidant au Québec** : La double nationalité pourrait être une option pour ceux qui souhaitent maintenir des liens avec le Canada.
3. **Les impacts sur les institutions fédérales** : Ottawa perdrait une province majeure, ce qui pourrait affaiblir sa représentation internationale et modifier l'équilibre politique au sein des provinces restantes.

Les défis identitaires

Pour de nombreux Canadiens, l'identité nationale est intrinsèquement liée à la diversité culturelle et linguistique qu'incarne le Québec. Une séparation pourrait provoquer des divisions émotionnelles profondes, notamment parmi les populations francophones vivant en dehors du Québec, qui pourraient se sentir isolées dans un Canada majoritairement anglophone.

En résumé, les relations avec le Canada post-indépendance pourraient osciller entre coopération et tensions. Le succès d'une transition harmonieuse dépendrait en grande partie de la volonté des deux parties de négocier en bonne foi.

5.2. L'intégration dans la communauté internationale

La reconnaissance internationale

Un Québec indépendant aurait besoin de la reconnaissance officielle d'autres États et d'organisations internationales pour exister en tant qu'entité souveraine. La communauté internationale joue donc un rôle crucial dans la transition post-indépendance.

1. **Le Canada** : La reconnaissance par Ottawa serait essentielle, non seulement pour la légitimité politique, mais aussi pour éviter des tensions diplomatiques prolongées.

2. **Les grandes puissances** : Les États-Unis, l'Union européenne et les membres permanents du Conseil de sécurité des Nations unies (Chine, Russie, Royaume-Uni, France) joueraient un rôle clé dans l'acceptation du Québec sur la scène mondiale.

L'adhésion aux organisations internationales

Un Québec souverain devrait demander à adhérer à plusieurs organisations internationales, notamment :

1. **Les Nations unies (ONU)** : Devenir membre de l'ONU marquerait la reconnaissance globale du Québec en tant qu'État indépendant.

2. **L'Organisation internationale de la Francophonie (OIF)** : Le Québec est déjà un membre actif au sein de l'OIF, mais sa souveraineté renforcerait son rôle comme leader francophone mondial.

3. **Les organisations économiques** : L'adhésion à des entités comme l'Organisation mondiale du commerce (OMC) ou l'Organisation de coopération et de développement économiques (OCDE) garantirait l'intégration du Québec dans l'économie mondiale.

Les souverainistes soutiennent que le Québec, avec sa forte identité culturelle et ses ressources abondantes, serait bien accueilli sur la scène internationale. Cependant, ce processus pourrait être ralenti si des nations, pour des raisons stratégiques ou politiques, décident de retarder leur reconnaissance.

Les relations bilatérales

Le Québec devrait également établir des relations bilatérales avec des pays clés :

1. **Les États-Unis** : Premier partenaire commercial du Québec, les relations avec les États-Unis seraient cruciales pour la stabilité économique. La proximité géographique et les liens existants faciliteraient probablement cette transition.

2. **L'Union européenne** : Partenaire historique en raison des liens culturels et linguistiques, l'UE pourrait être un allié naturel pour un Québec indépendant.

3. **Les pays francophones** : Le Québec pourrait renforcer ses liens avec des nations comme la France, le Sénégal ou

le Vietnam, où la langue française est un atout commun.

Les défis diplomatiques

Malgré ces opportunités, des obstacles pourraient surgir :

1. **L'opposition de certains États** : Des pays confrontés à leurs propres mouvements séparatistes (comme l'Espagne avec la Catalogne) pourraient hésiter à reconnaître le Québec de crainte de créer un précédent.
2. **La transition institutionnelle** : Construire un réseau diplomatique, créer des ambassades et former un corps diplomatique nécessiteraient des investissements significatifs.

5.3. Les enseignements des autres nations indépendantes

Les parallèles avec d'autres mouvements souverainistes

L'histoire contemporaine offre de nombreux exemples de nations ou régions ayant obtenu leur indépendance, souvent après des décennies de lutte politique. Ces exemples offrent des enseignements précieux pour le Québec.

1. **La Norvège et la Suède (1905)** : La séparation pacifique de la Norvège de la Suède démontre qu'une indépendance peut être obtenue par la négociation, sans violence. Ce modèle est souvent cité comme un idéal pour le Québec.
2. **La Slovaquie et la République tchèque (1993)** : La dissolution de la Tchécoslovaquie en deux États distincts, surnommée le « divorce de velours »,

illustre une transition harmonieuse fondée sur le dialogue.

3. **L'Écosse** : Bien que le référendum de 2014 sur l'indépendance écossaise ait été un échec, le mouvement indépendantiste écossais reste une source d'inspiration pour le Québec, notamment dans sa gestion démocratique de la question.

Les leçons des échecs

D'autres exemples montrent les défis auxquels les mouvements séparatistes peuvent être confrontés :

1. **La Catalogne** : La tentative d'indépendance unilatérale en 2017 a entraîné une crise politique majeure avec l'Espagne. L'absence de reconnaissance internationale a paralysé le processus, soulignant l'importance de la légitimité démocratique et des alliances internationales.

2. **Le Sud-Soudan** : Devenu indépendant en 2011, le Sud-Soudan a rapidement sombré dans des conflits internes, démontrant que l'indépendance ne garantit pas la stabilité.

Les spécificités québécoises

Contrairement à de nombreux mouvements séparatistes, le Québec possède des avantages uniques :

- **Une économie développée** : Peu de nations ayant obtenu leur indépendance récemment disposent de la même infrastructure économique et industrielle que le Québec.

- **Un processus démocratique** : Les souverainistes québécois ont toujours privilégié une approche démocratique, renforçant leur légitimité.

- **Un cadre institutionnel existant** : En tant que province, le Québec possède déjà des institutions robustes qui pourraient être adaptées à un État souverain.

Une souveraineté à bâtir avec pragmatisme

Les défis politiques et internationaux d'un Québec indépendant sont indéniables, mais ils ne sont pas insurmontables. Une transition réussie dépendrait de plusieurs facteurs : des négociations constructives avec le Canada, une intégration stratégique dans la communauté internationale, et une attention particulière aux leçons tirées des expériences d'autres nations.

Pour les souverainistes, ces défis ne doivent pas dissuader le Québec de poursuivre son rêve d'indépendance. Au contraire, ils soulignent l'importance de planifier soigneusement chaque étape de cette transition historique. En fin de compte, l'indépendance ne serait pas seulement un acte de rupture, mais aussi une opportunité de construire un Québec qui s'affirme pleinement sur la scène mondiale.

6. Le peuple québécois : Vers une nouvelle solidarité nationale

L'indépendance d'un peuple ne peut se concevoir sans sa participation active et sans un projet rassembleur. L'avenir du Québec comme nation souveraine repose sur une solidarité nationale forte, capable de transcender les divisions politiques, sociales et culturelles. Ce chapitre explore les conditions essentielles pour consolider cette solidarité : la participation citoyenne, l'implication des jeunes générations, et la construction d'une identité inclusive qui reflète la diversité du Québec moderne.

6.1. Les enjeux de la participation citoyenne

Un projet fondé sur la volonté populaire

Le mouvement indépendantiste québécois repose sur l'idée que l'indépendance doit être le fruit d'une décision démocratique claire et légitime. Les référendums de 1980 et 1995 ont illustré la centralité de la participation citoyenne dans ce processus. Toutefois, ces expériences ont également révélé des défis, notamment la difficulté de mobiliser une majorité durable en faveur de la souveraineté.

Les défis actuels de l'engagement citoyen

Aujourd'hui, le Québec fait face à plusieurs obstacles en matière de participation citoyenne, notamment :

1. **La désaffection politique** : Comme dans de nombreuses démocraties, une partie de la population québécoise, notamment les jeunes, se sent

déconnectée des institutions politiques et des grands débats nationaux.

2. **Les divisions internes** : Les débats sur l'indépendance ont parfois polarisé la société québécoise, opposant souverainistes et fédéralistes, et marginalisant ceux qui hésitent ou qui ne s'identifient pas à l'un de ces camps.

3. **La montée de l'individualisme** : Dans un monde de plus en plus globalisé, les valeurs communautaires et les projets collectifs peinent parfois à mobiliser face aux priorités personnelles et professionnelles.

Renforcer la participation citoyenne

Pour revitaliser l'engagement citoyen, le Québec doit adopter une approche proactive et inclusive :

1. **Éducation civique** : Intégrer des cours sur l'histoire et les enjeux de la souveraineté dans le système éducatif

pour sensibiliser les jeunes à l'importance de la participation politique.

2. **Consultations publiques** : Organiser des forums et des débats locaux pour permettre à tous les citoyens de s'exprimer sur l'avenir du Québec, indépendamment de leurs affiliations politiques.

3. **Technologies participatives** : Utiliser les outils numériques pour engager un plus large éventail de citoyens dans les discussions politiques, notamment via des plateformes de vote électronique et des consultations en ligne.

La souveraineté comme projet collectif

Un Québec indépendant ne peut réussir sans une mobilisation collective. Cela nécessite un effort concerté pour créer un espace où chaque citoyen, quelle que soit son origine ou sa langue, se sente inclus dans le processus de décision. En redéfinissant l'indépendance comme un projet non partisan et orienté vers le bien commun, le mouvement souverainiste peut rallier une base plus large et diversifiée.

6.2. Les jeunes générations face à l'indépendance

Une génération avec des priorités différentes

Les jeunes Québécois d'aujourd'hui, souvent appelés « milléniaux » ou membres de la génération Z, sont confrontés à des enjeux distincts de ceux de leurs prédécesseurs. Si les questions d'identité nationale et de souveraineté restent importantes, elles sont souvent éclipsées par d'autres préoccupations, telles que :

1. **Les changements climatiques** : La crise environnementale est une priorité pour de nombreux jeunes, qui perçoivent souvent la souveraineté comme un sujet secondaire.

2. **Les inégalités économiques** : La précarité de l'emploi, l'accès au logement et l'endettement étudiant sont des défis majeurs qui captent l'attention des jeunes générations.

3. **La diversité culturelle** : Dans une société de plus en plus multiculturelle, certains jeunes ont une vision plus mondiale de leur identité, et se sentent moins attachés aux débats traditionnels sur l'indépendance.

Les jeunes et le mouvement souverainiste

Malgré ces priorités changeantes, les jeunes restent une force potentielle pour le mouvement souverainiste. Pour les mobiliser, il est essentiel de connecter la souveraineté aux enjeux qui leur tiennent à cœur :

1. **L'indépendance et l'environnement** : Positionner le Québec comme un leader mondial de la transition énergétique et

des politiques climatiques pourrait attirer les jeunes militants environnementaux.

2. **La justice sociale** : Intégrer des propositions concrètes pour réduire les inégalités et offrir un avenir économique stable renforcerait l'intérêt des jeunes pour l'indépendance.

3. **Une identité inclusive** : Les jeunes générations valorisent la diversité et l'ouverture. Un discours souverainiste qui met en avant une identité québécoise inclusive et accueillante serait plus attrayant.

Les outils pour mobiliser les jeunes

1. **Les réseaux sociaux** : Les plateformes numériques comme Instagram, TikTok et YouTube sont des lieux de mobilisation clés pour atteindre les jeunes et diffuser des messages inspirants sur la souveraineté.

2. **Des porte-parole jeunes** : Mettre en avant des leaders jeunes et dynamiques

au sein du mouvement souverainiste
pour établir une connexion avec cette
génération.

3. **Des initiatives locales** : Encourager
   des projets communautaires qui
   associent l'indépendance à des actions
   concrètes, comme des initiatives
   écologiques ou culturelles.

Les jeunes comme catalyseurs du changement

Les jeunes Québécois ont toujours été des moteurs de transformation sociale, comme en témoigne leur rôle dans la Révolution tranquille et les mouvements étudiants récents. Si le mouvement souverainiste parvient à résonner avec leurs aspirations, Il pourrait bénéficier d'un regain d'énergie et d'innovation.

6.3. Unir les voix québécoises : Construire une identité inclusive

Le défi de l'inclusion

Le Québec d'aujourd'hui est une société multiculturelle et plurilingue, où cohabitent des Québécois de souche, des communautés autochtones et des immigrants venus du monde entier. Cette diversité est une richesse, mais elle pose également des défis pour forger une identité nationale unifiée.

1. **Les tensions linguistiques** : Si le français est le pilier de l'identité québécoise, certains nouveaux arrivants peuvent se sentir marginalisés par les politiques linguistiques restrictives.
2. **Les populations autochtones** : Les Premières Nations et les Inuits du Québec revendiquent une reconnaissance de leur souveraineté et de leurs droits ancestraux, ce qui soulève des questions

sur leur place dans un Québec indépendant.

3. **Les communautés immigrantes** : Bien que de nombreux immigrants s'intègrent avec succès, certains se sentent éloignés du projet souverainiste, souvent perçu comme axé sur l'identité francophone.

Construire une identité inclusive

Pour unir les voix québécoises, il est essentiel de développer une vision de l'identité nationale qui transcende les divisions ethniques, culturelles et linguistiques. Cela implique :

1. **Valoriser la diversité** : Reconnaitre que la diversité culturelle enrichit le tissu social du Québec, et intégrer cette diversité dans le récit national.

2. **Renforcer l'interculturalisme** : Plutôt que le multiculturalisme canadien, l'interculturalisme québécois met l'accent sur l'intégration des nouveaux arrivants

à la culture francophone tout en respectant leur patrimoine culturel.

3. **Un dialogue avec les Autochtones** : Engager des discussions ouvertes avec les communautés autochtones pour garantir que leurs droits et aspirations sont respectés dans un Québec souverain.

Une solidarité nationale à construire

La souveraineté québécoise ne pourra réussir sans un effort concerté pour inclure toutes les voix. Cela nécessite :

1. **Un discours rassembleur** : Mettre l'accent sur les valeurs communes, comme la justice sociale, la protection de l'environnement et la démocratie.
2. **Des politiques inclusives** : Veiller à ce que tous les citoyens, quel que soit leur parcours, se sentent représentés et impliqués dans le projet d'indépendance.

3. **Un engagement communautaire** :
Encourager les initiatives locales qui
favorisent le dialogue et la coopération
entre différentes communautés.

Une nation à réinventer ensemble

Le peuple québécois, dans toute sa diversité,
constitue le cœur du projet d'indépendance.
Pour réussir, ce projet doit être porté par une
nouvelle solidarité nationale qui mobilise toutes
les générations, transcende les divisions
politiques et culturelles, et reflète la richesse
de l'identité québécoise moderne.

En renforçant la participation citoyenne, en
engageant les jeunes générations, et en
construisant une identité inclusive, le Québec
peut non seulement réussir son indépendance,
mais aussi offrir un modèle inspirant de
démocratie et de solidarité au reste du monde.
Ce chemin exige un effort collectif, mais il
représente une opportunité unique de forger

un avenir où chaque Québécois, quelle que soit son origine, peut se reconnaître dans un Québec libre et souverain.

7. Scénarios pour un Québec libre

L'indépendance du Québec, longtemps débattue, reste un projet à la fois ambitieux et complexe. Elle exige une planification minutieuse, une compréhension approfondie des impacts potentiels, et une vision claire pour guider le Québec vers un avenir prospère et souverain. Ce chapitre explore les étapes nécessaires pour concrétiser l'indépendance, analyse les impacts politiques, économiques et sociaux qu'elle pourrait entraîner, et présente une vision optimiste pour un Québec libre et épanoui.

7.1. Les étapes d'un processus vers l'indépendance

1. Le consensus social et politique

La première étape vers l'indépendance consiste à construire un consensus social et politique suffisamment fort pour initier le processus. Cela implique :

- **Un appui populaire clair** : L'indépendance ne peut être réalisée sans un soutien majoritaire de la population. Cela exige une campagne pédagogique pour expliquer les bénéfices, répondre aux inquiétudes, et mobiliser les citoyens.
- **Une union politique stratégique** : Les partis politiques souverainistes (comme le Parti Québécois et Québec Solidaire) devront unir leurs forces pour former un front commun. Une division entre eux pourrait affaiblir le mouvement.

2. La tenue d'un référendum démocratique

Le référendum constitue une étape cruciale pour légitimer le projet d'indépendance. Les leçons des référendums de 1980 et 1995 indiquent que :

- La question posée doit être claire et précise, pour éviter toute ambiguïté.
- Une campagne référendaire inclusive et démocratique est essentielle pour mobiliser un large éventail de citoyens, y compris les jeunes et les communautés immigrantes.

Si le référendum aboutit à un vote favorable, cela marquerait le début officiel de la transition vers l'indépendance.

3. Les négociations avec le Canada

Une fois le référendum réussi, le Québec devra engager des négociations avec le gouvernement fédéral pour organiser la transition. Ces discussions porteront notamment sur :

- **La répartition des actifs et des passifs** : Cela inclut le partage de la dette nationale, des ressources naturelles et des infrastructures fédérales.
- **Les relations commerciales et économiques** : Maintenir un libre-échange entre le Québec et le reste du Canada sera crucial pour minimiser les perturbations économiques.
- **Les questions citoyennes** : Il faudra clarifier les statuts de citoyenneté et les droits des Québécois vivant à l'extérieur de la province, ainsi que des Canadiens vivant au Québec.

4. L'établissement des institutions souveraines

Pour fonctionner comme un État indépendant, le Québec devra mettre en place ou renforcer plusieurs institutions clés :

- **Un ministère des Affaires étrangères** pour gérer ses relations internationales.
- **Une banque centrale québécoise** pour gérer la politique monétaire, si le Québec choisit de ne pas utiliser le dollar canadien.
- **Un système de défense nationale** adapté à ses besoins spécifiques.

Cette phase nécessitera des investissements importants et une planification rigoureuse pour assurer une continuité des services publics.

5. La déclaration officielle d'indépendance

La dernière étape est la proclamation formelle de l'indépendance, suivie de la reconnaissance internationale. Cela inclut :

- **L'adoption d'une constitution québécoise** : Cette constitution reflétera les valeurs et les aspirations du Québec, en mettant l'accent sur la démocratie, la justice sociale et la préservation de la langue française.

- **L'intégration aux organisations internationales** : Le Québec devra demander son adhésion à des entités comme les Nations unies, l'Organisation mondiale du commerce, et l'Organisation internationale de la Francophonie.

7.2. Les impacts prévisibles : Politiques, économiques, sociaux

1. Impacts politiques

L'indépendance transformerait le paysage politique québécois et canadien de manière significative :

- **Au Québec :**
  - L'indépendance renforcerait l'autonomie du Québec en matière

des politiques publiques, lui permettant d'élaborer des lois et des règlements adaptés à ses besoins spécifiques.
  - Les partis politiques devront se réorganiser autour de nouveaux enjeux, dépassant la dichotomie souverainiste-fédéraliste.
- **Au Canada** :
  - La perte du Québec modifierait l'équilibre politique du pays, avec une domination accrue des provinces anglophones.
  - Les provinces comme le Nouveau-Brunswick, où réside une importante minorité francophone, pourraient se sentir marginalisées.
- **À l'international** :
  - Le Québec devrait rapidement établir sa position sur la scène internationale, en développant des partenariats bilatéraux et multilatéraux.

2. Impacts économiques

L'indépendance aurait des conséquences économiques immédiates et à long terme, tant pour le Québec que pour le Canada.

- **Pour le Québec** :
    - À court terme, il pourrait y avoir des perturbations économiques, notamment en raison de l'incertitude sur les relations commerciales et les politiques monétaires.
    - À long terme, le Québec bénéficierait du contrôle exclusif de ses ressources naturelles et de ses politiques fiscales, ce qui pourrait stimuler son développement économique.
- **Pour le Canada** :
    - Le départ du Québec entraînerait une perte importante de ressources naturelles et de revenus fiscaux.

- Certaines industries, notamment dans le secteur énergétique, pourraient être affectées par la redéfinition des relations économiques.

- **Le commerce** :
  - Maintenir un libre-échange avec le reste du Canada et les États-Unis sera essentiel pour limiter les impacts économiques négatifs.

3. Impacts sociaux

L'indépendance transformerait également la société québécoise sur plusieurs plans :

- **Un renforcement de l'identité nationale** : L'indépendance pourrait renforcer le sentiment de fierté et d'unité parmi les Québécois, tout en valorisant la langue et la culture françaises.
- **Les relations interculturelles** : Le Québec devra relever le défi d'intégrer pleinement ses communautés

immigrantes et autochtones dans le projet national, en évitant les divisions sociales.

- **Les services publics** : La réorganisation des institutions pourrait temporairement perturber certains services, mais offrirait à terme une opportunité de les adapter aux besoins spécifiques du Québec.

7.3. La vision d'un Québec prospère et souverain

1. Un modèle de démocratie avancée

Un Québec indépendant pourrait devenir un modèle mondial de démocratie participative, en adoptant des pratiques innovantes pour engager ses citoyens dans les processus décisionnels. Cela inclut :

- **Des mécanismes de consultation publique** pour impliquer les citoyens dans les grandes décisions politiques.
- **Une transparence accrue** dans la gestion des finances publiques et des ressources naturelles.

2. Une économie résiliente et durable

Le Québec possède les atouts nécessaires pour bâtir une économie prospère et tournée vers l'avenir :

- **L'hydroélectricité** : En tant que leader mondial de l'énergie verte, le Québec pourrait exporter davantage d'électricité tout en renforçant sa transition énergétique.
- **Les industries de pointe** : L'aérospatiale, les technologies numériques et l'intelligence artificielle pourraient devenir des piliers de l'économie québécoise.

- **La diversification des partenaires commerciaux** : En élargissant ses échanges avec l'Europe, l'Asie et l'Afrique, le Québec pourrait réduire sa dépendance économique envers le Canada et les États-Unis.

3. Une société inclusive et solidaire

L'indépendance offre une occasion unique de redéfinir le projet social québécois, en mettant l'accent sur l'inclusion et la justice sociale :

- **La langue française comme vecteur d'unité** : Tout en protégeant le français, le Québec devra veiller à ce que ses politiques linguistiques favorisent l'intégration plutôt que l'exclusion.
- **Une ouverture aux communautés autochtones et immigrantes** : En reconnaissant pleinement les droits des Premières Nations et en valorisant la diversité culturelle, le Québec peut bâtir une société harmonieuse et équitable.

4. Un acteur influent sur la scène internationale

En tant que nation souveraine, le Québec aurait l'opportunité de jouer un rôle significatif dans le monde :

- **Un leader francophone** : Le Québec pourrait devenir un ambassadeur de la langue française et des valeurs francophones sur la scène internationale.
- **Un champion de l'environnement** : Grâce à ses politiques écologiques avancées, le Québec pourrait influencer les discussions mondiales sur le climat et le développement durable.
- **Un promoteur de la paix** : En s'engageant activement dans des missions humanitaires et diplomatiques, le Québec pourrait contribuer à résoudre des crises internationales.

Un Québec maître de son destin

L'indépendance du Québec est un projet ambitieux qui exige une planification rigoureuse, une gestion des défis, et une vision claire pour l'avenir. En suivant les étapes d'un processus démocratique, en surmontant les impacts prévisibles, et en bâtissant un modèle de société prospère et inclusive, le Québec peut réaliser son potentiel en tant que nation souveraine.

Pour les souverainistes, l'indépendance n'est pas seulement un objectif politique, mais une opportunité de réinventer le Québec comme un État moderne, résilient et rayonnant sur la scène internationale. Plus qu'un rêve, elle représente une voie pour construire un avenir où le Québec est maître de son destin.

Conclusion : Le Québec libre comme projet d'avenir

Depuis des décennies, l'idée d'un Québec libre a alimenté les débats, les espoirs et les divisions. Ce projet politique, culturel et économique transcende les simples revendications territoriales : il s'agit d'une réponse aux aspirations profondes d'un peuple qui cherche à affirmer son identité, à contrôler son destin et à se positionner sur la scène internationale comme une nation souveraine. Cette conclusion examine pourquoi l'indépendance reste pertinente et nécessaire, tout en appelant à une réflexion collective sur le futur du Québec.

Pourquoi l'indépendance est une réponse aux aspirations nationales

1. Une affirmation de l'identité québécoise

L'indépendance du Québec est avant tout une question d'identité. Elle repose sur la conviction que le peuple québécois, avec sa langue, sa culture et son histoire uniques, constitue une nation distincte au sein du Canada et du monde.

1.1. La langue française comme cœur de l'identité

La langue française est le pilier de l'identité québécoise. Alors que le français est minoritaire en Amérique du Nord, le Québec agit comme un bastion de cette langue, un rôle que seul un État souverain pourrait pleinement protéger et promouvoir. Les politiques linguistiques actuelles, bien qu'efficaces dans une certaine mesure, restent limitées par le cadre fédéral canadien. En devenant indépendant, le Québec pourrait :

- Renforcer ses lois pour garantir l'usage du français dans tous les aspects de la vie publique.

- Accroître son influence internationale en tant que leader francophone.
- Protéger davantage les communautés francophones hors Québec grâce à des partenariats bilatéraux.

1.2. Une culture unique à valoriser

Au-delà de la langue, la culture québécoise est un trésor riche et diversifié. Les arts, la littérature, le cinéma et la musique du Québec témoignent d'une créativité et d'une résilience remarquables. L'indépendance offrirait une occasion unique de :

- Mieux soutenir les artistes et les créateurs locaux grâce à des politiques culturelles renforcées.
- Exporter davantage la culture québécoise sur la scène internationale.
- Favoriser une identité collective qui inclut toutes les communautés vivant au Québec.

2. Une autonomie politique pour répondre aux besoins spécifiques

Actuellement, le Québec doit partager le pouvoir avec Ottawa dans des domaines clés comme l'immigration, les politiques environnementales et les finances publiques. Cette répartition des compétences limite souvent la capacité du Québec à agir de manière efficace et autonome.

2.1. Immigration et intégration

L'indépendance permettrait au Québec de gérer entièrement son immigration selon ses besoins démographiques, culturels et économiques. Cela inclut :

- Favoriser l'intégration linguistique des nouveaux arrivants en renforçant l'apprentissage du français.
- Répondre aux besoins du marché du travail local sans dépendre des politiques fédérales.

- Maintenir un équilibre entre ouverture à la diversité et préservation de l'identité québécoise.

2.2. Environnement et ressources naturelles

Le Québec est un leader en matière d'hydroélectricité et de transition écologique. Cependant, son influence est souvent limitée par les politiques fédérales canadiennes qui privilégient les énergies fossiles. En devenant indépendant, le Québec pourrait :

- Renforcer ses ambitions climatiques et devenir un modèle mondial de développement durable.
- Contrôler pleinement ses ressources naturelles et en maximiser les bénéfices économiques.
- Réorienter ses politiques énergétiques pour prioriser les énergies renouvelables.

3. Une solution aux frustrations économiques

Les souverainistes soutiennent que l'indépendance permettrait au Québec de mieux gérer ses finances publiques et de réduire les inégalités sociales. Actuellement, une partie des revenus fiscaux québécois est transférée au gouvernement fédéral, souvent réallouée vers d'autres provinces. Un Québec souverain pourrait :

- Reprendre le contrôle de l'ensemble de ses recettes fiscales.
- Élaborer des politiques économiques adaptées à ses priorités.
- Investir dans des secteurs stratégiques comme l'innovation, l'éducation et la santé.

Appel à l'action et réflexion sur le futur du Québec

1. Mobiliser les citoyens pour un projet collectif

L'indépendance du Québec ne peut être réalisée sans une mobilisation massive et inclusive de sa population. Cela nécessite un projet collectif qui transcende les divisions politiques et culturelles.

1.1. Inclure toutes les voix

Pour réussir, le projet souverainiste doit inclure toutes les composantes de la société québécoise : jeunes, aînés, communautés autochtones, immigrants et minorités culturelles. Cela implique :

- Un dialogue ouvert pour comprendre les préoccupations de chacun.
- Une reconnaissance des contributions de tous les citoyens au projet national.

- Une identité québécoise inclusive qui reflète la diversité de sa population.

1.2. Éduquer et sensibiliser

Une partie de la population reste indécise ou sceptique face à l'indépendance. Une campagne pédagogique pourrait aider à démystifier le processus et à répondre aux préoccupations légitimes, notamment sur les impacts économiques et les relations internationales. Les outils pour y parvenir incluent :

- Des forums citoyens et des débats publics.
- Une communication moderne via les réseaux sociaux et les médias numériques.
- Des ressources éducatives dans les écoles pour informer les jeunes générations.

2. Planifier une transition en douceur

Le succès de l'indépendance repose sur une transition bien planifiée, évitant les ruptures brutales et les incertitudes inutiles.

2.1. Une approche pragmatique

Le Québec devra s'inspirer des exemples internationaux pour établir un calendrier clair et réaliste, incluant des étapes telles que :

- La négociation des accords commerciaux avec le Canada et d'autres partenaires.
- L'établissement d'institutions souveraines.
- La gestion des relations bilatérales avec les pays voisins.

2.2. Construire des alliances internationales

L'indépendance du Québec doit s'inscrire dans un cadre mondial. En renforçant ses liens avec des partenaires internationaux, le Québec peut garantir une reconnaissance rapide et une

intégration réussie dans les organisations
globales.

3. Imaginer un Québec prospère et souverain

L'indépendance n'est pas une fin en soi, mais
un moyen de construire un Québec plus juste,
plus prospère et plus rayonnant. Cela
implique :

- **Un modèle économique résilient** :
  Investir dans des secteurs stratégiques
  comme les énergies renouvelables, les
  technologies de pointe et les industries
  culturelles.
- **Un engagement écologique** : Devenir
  un leader mondial dans la lutte contre les
  changements climatiques.
- **Une solidarité nationale renforcée** :
  Réduire les inégalités sociales et
  promouvoir une société où chacun trouve
  sa place.

Un avenir à construire ensemble

Le projet d'un Québec libre n'est pas qu'un rêve du passé ; il est une réponse moderne aux aspirations nationales et aux défis de l'avenir. En affirmant son identité, en prenant en main son destin économique et politique, et en se positionnant comme un acteur global, le Québec peut non seulement répondre aux besoins de sa population, mais aussi inspirer d'autres nations à travers le monde.

Le chemin vers l'indépendance est exigeant, mais il représente une opportunité unique de réinventer le Québec et de bâtir une société fondée sur la justice, la solidarité et l'épanouissement collectif. En prenant en main son destin, le Québec peut devenir un modèle pour les nations qui, elles aussi, aspirent à une souveraineté véritable.

À tous les Québécois, quelle que soit leur origine ou leur conviction, il est temps de réfléchir ensemble, de débattre avec respect, et d'imaginer un avenir où le Québec s'affirme comme une nation libre et prospère. L'indépendance est un défi, mais surtout, une promesse. Une promesse d'un avenir où le Québec pourra se tenir debout, fier et maître de son destin.

Annexes

Pour compléter une réflexion approfondie sur le mouvement indépendantiste québécois, les annexes fournissent des ressources essentielles : une chronologie des événements clés, des textes et citations marquantes de figures influentes, ainsi qu'une liste de lectures et de ressources pour approfondir le sujet. Ces éléments permettent de mieux comprendre le contexte historique, les arguments et les perspectives qui entourent le projet d'indépendance du Québec.

1. Chronologie des événements clés du mouvement indépendantiste

Cette chronologie retrace les moments marquants de l'histoire du mouvement indépendantiste québécois, offrant un aperçu des luttes, des victoires et des revers qui ont façonné cette quête de souveraineté.

XVIIe – XIXe siècles : Les prémices de l'identité nationale

- **1608** : Fondation de Québec par Samuel de Champlain. Début de la colonisation française en Amérique du Nord.
- **1760** : Conquête britannique de la Nouvelle-France. Les Canadiens français deviennent une minorité sous domination britannique.
- **1837-1838** : Rébellions des Patriotes dans le Bas-Canada, menées par Louis-Joseph Papineau. Ces insurrections, bien qu'échouées, incarnent une première tentative d'autonomie politique.

- **1840** : Acte d'Union. Le Bas-Canada et le Haut-Canada sont fusionnés en une seule colonie, marginalisant davantage les francophones.

XXe siècle : La montée du mouvement indépendantiste

- **1960-1966** : Révolution tranquille. Modernisation rapide du Québec et émergence de l'idée de souveraineté.
- **1963** : Création du Front de libération du Québec (FLQ), un mouvement radical prônant l'indépendance par des actions violentes.
- **1967** : Fondation du Mouvement Souveraineté-Association (MSA) par René Lévesque après son départ du Parti libéral.
- **1968** : Création du Parti Québécois (PQ), né de la fusion du MSA et d'autres groupes indépendantistes.
- **1970** : Crise d'Octobre. Des membres du FLQ enlèvent le ministre Pierre Laporte

et le diplomate britannique James Cross, entraînant l'imposition de la Loi sur les mesures de guerre par Ottawa.

- **1976** : Élection historique du Parti Québécois, avec René Lévesque comme Premier ministre. C'est la première fois qu'un gouvernement ouvertement souverainiste prend le pouvoir.

1980 et 1995 : Les référendums sur la souveraineté

- **20 mai 1980** : Premier référendum sur la souveraineté-association. Le camp du « Non » l'emporte avec 59,56 % des voix contre 40,44 % pour le « Oui ».
- **1990** : Échec de l'Accord du lac Meech, destiné à reconnaître le Québec comme une société distincte, provoquant une montée du sentiment souverainiste.
- **30 octobre 1995** : Deuxième référendum sur l'indépendance. Le résultat est extrêmement serré :

50,58 % contre 49,42 %. Une défaite douloureuse pour les souverainistes.

XXIe siècle : Une question toujours ouverte

- **2003-2023** : Les gouvernements successifs du Parti libéral et de la Coalition Avenir Québec (CAQ) maintiennent un statu quo fédéraliste, bien que la question de l'indépendance reste vive dans certains milieux politiques et culturels.
- **2021** : Adoption de la Loi 96 par le gouvernement québécois, renforçant le statut du français et rappelant l'importance de l'identité culturelle québécoise dans les débats politiques.

2. Textes et citations de figures marquantes

2.1. René Lévesque (1922-1987)

Figure emblématique du mouvement souverainiste, René Lévesque, fondateur du Parti Québécois et Premier ministre de 1976 à 1985, a marqué l'histoire par sa vision d'un Québec souverain, mais pacifique et démocratique.

- **Extrait du discours référendaire de 1980** :

« Si je vous ai bien compris, vous dites "à la prochaine fois". »
Ces mots, prononcés après la défaite du référendum de 1980, incarnent l'espoir et la résilience du mouvement souverainiste.

- **Citation sur la souveraineté** :

« Être libre, c'est d'abord ne plus être esclave des autres. Être libre, c'est pouvoir choisir son avenir. »

2.2. Pierre Bourgault (1934-2003)

Leader du Rassemblement pour l'indépendance nationale (RIN), Pierre Bourgault a marqué le débat souverainiste par son éloquence et son militantisme passionné.

- **Citation sur l'indépendance** :

  « L'indépendance, ce n'est pas une question de choix, c'est une question de dignité. »

- **Texte tiré d'un discours en 1964** :

  « Le Québec doit cesser d'être une province. Il doit redevenir une patrie. »

2.3. Gilles Vigneault (né en 1928)

Poète et chanteur, Gilles Vigneault est une icône culturelle du Québec. Ses chansons, comme *Mon pays*, sont devenues des hymnes officieux du mouvement souverainiste.

- **Paroles de "Mon pays"** :

« Mon pays, ce n'est pas un pays, c'est l'hiver. »

Cette métaphore poétique exprime l'attachement des Québécois à leur territoire et leur résilience face aux défis.

2.4. Lucien Bouchard (né en 1938)

Ancien Premier ministre du Québec et figure clé du référendum de 1995, Lucien Bouchard a marqué le mouvement par son pragmatisme.

- **Citation sur le référendum de 1995** :

  « Nous avons perdu une bataille, mais pas la guerre. Le Québec aspire toujours à sa pleine liberté. »

3. Ressources pour approfondir le sujet

3.1. Livres

1. **René Lévesque et la naissance d'un peuple** par Pierre Godin

- Une biographie détaillée qui explore la vie et l'héritage politique de René Lévesque.

2. **Pourquoi je suis souverainiste** par Pierre Bourgault

   - Une collection d'essais qui explique les motivations et les arguments en faveur de l'indépendance.

3. **La souveraineté en question : Regards croisés sur un projet de société** par Michel Seymour (éditeur)

   - Un ouvrage collectif qui présente une analyse multidisciplinaire des enjeux de la souveraineté.

4. **Le livre noir du Canada anglais** par Normand Lester

   - Une exploration critique des relations historiques entre le Québec et le Canada anglais.

3.2. Films et documentaires

1. **Le confort et l'indifférence** (1981) réalisé par Denys Arcand

- Un documentaire qui explore les divisions autour du référendum de 1980.

2. **Québec : Le rêve d'un pays** (2017) réalisé par Jean-Pierre Duret

   - Une réflexion poétique sur l'identité québécoise et l'idée d'indépendance.

3. **Octobre** (1994) réalisé par Pierre Falardeau

   - Un film qui raconte la Crise d'Octobre à travers le prisme du FLQ.

3.3. Articles et publications en ligne

1. **Site officiel de l'Assemblée nationale du Québec**

   - Historique des débats parlementaires sur la souveraineté. www.assnat.qc.ca

2. **Institut de recherche sur l'autodétermination des peuples et les indépendances nationales (IRAI)**

- o Études et analyses sur les mouvements indépendantistes au Québec et ailleurs. www.irai.qc.ca

3. **Radio-Canada Archives**

   - o Une riche collection de documents audiovisuels sur les référendums de 1980 et 1995. ici.radio-canada.ca

Ces annexes fournissent les outils nécessaires pour approfondir la compréhension du mouvement souverainiste québécois. En retraçant son histoire, en donnant la parole à ses figures marquantes et en offrant des ressources pour en apprendre davantage, elles invitent à une réflexion éclairée sur le futur du Québec et sa quête d'indépendance.